오름 시인선 • 19

관념의 감옥

오름시인선 · 19

관념의 감옥

펴낸날 _ 2013년 2월 6일

지은이 _ 최종원

펴낸곳 _ 기획출판 오름

등록번호 _ 동구 제 364-1999-000006호

등록일자 _ 1999년 2월 25일

주소 _ 대전광역시 동구 삼성1동 122-2

전화 _ 042.637.1486

팩스 _ 042.637.1288

E-mail _ orumplus@hanmail.net

ISBN _ 978-89-90151-92-6

값 8,000원

관념의 감옥

| 최종원 시집 |

Orum Edition

| 여는 말 |

은행문을 나선지
일곱 해 시간이 지났다
생각 없이 살기로 했으나
거짓말이 되었다
명상도 잡념의 범주에 속한다
맑은 물이건 흙탕물이건
손수건이 젖는 건 마찬가지다
물의 성품이기 때문이다
또 한 번 헛손질을 해 본다
허공엔 흔적이 없건만
삶이란 과정 속에 매듭이 있다
또 한해가 저물었다
새로운 미지의 세계가
기다리고 있을 것이다

眞水無香

차례

제1부 | 화살

제2부 | **선사유적지**

제3부 | 은행나무

제4부 | **구스타프 비게랜드**

제1부

화살

관념의 감옥

탈옥을 꿈꾸었다
탈출구를 찾아
파고 또 팠다
파아란 하늘이
보이는 순간
절대고도의 벼랑
또 다른
감옥에 갇히다

사계

나는 아지랑이가 아닙니다 봄입니다
나는 소나기가 아닙니다 여름입니다
나는 오동잎이 아닙니다 가을입니다
나는 함박눈이 아닙니다 겨울입니다

나는 계절이 아닙니다 시간입니다

빗방울

한 방울의 비가
바다에 떨어지면
바다가 됩니다
우주가 됩니다
바다에 닿기 전에
그는 이미
우주입니다

실상사

생태 뒷간에 앉아 보았지
밥이 똥이 되고
똥이 밥이 된다

본질이 실존이고
실존이 본질이다
진리없이 자유없고
마음이 헐떡이면
너는 진리를 모른다

배속 가득
밥상을 들고 걷는다
밥상이 법상이다

금광

금맥을 찾으려고
곡괭이를 들고 나섰더니
어떤 사나이
황금 먼지 뒤집어 쓰고 나오면서
없어 없어
아무리 찾아도 없어
없는걸 왜 찾아
하면서 웃고 나오데

가상 칠언

그칠줄 모르고 타는 나의 작은 가슴은
누구의 밤을 지키는 약한 등불 입니까

거울 앞에서

저놈이 나는 아닌데
하다가도
저놈 말고는
어떤 놈도 없다는
생각

두꺼비

가슴속 깊은 바위덩어리 밑에
두꺼비가 뜨거운 숨을 쉬고 있다
축축한 그늘 밑
헐떡이는 젖은 숨소리
보
고
싶
다.

무책임

사랑도 미움도
실체가 없다
나라고 고집할
물건이 없다
거울에 서면
성성한 미움이
나를 꼬나 보는데
멧돼지처럼
식식거리는데
없다니
너무 무책임하다

정수안등(井樹岸藤)

장검의 끝을 맨손으로 매달려
면도날에 묻은 꿀은
달기만 해
입술이 취해있다
잉잉거리는 벌들은
휘황한 이명(耳鳴)
성난 코끼리 내려다 보나
조금만 기다려
너를 때려잡을 테니
우물안엔
자주빛 등나무꽃
향기 자욱하더구나
여기는 황홀한
마야

촛불

내 의식 가물가물
촛불처럼 껌벅일 때
엉금엉금 기어 다니며
밥 한 그릇
숟가락 한 자루
챙길 수 있을까
이제 너를 놓아 주겠다
영혼이여
때로는 버리고 싶었겠지
구차한 몸뚱이
변덕 심한 고기 덩어리
끌고 다니느라
참 고생 많았다
이제는 이별을 맞자
다시는 만나지 말자는
인사를 남기고

꿈

낮에 보아 두었던
생선토막을 찾아
밤이면 담넘는
도둑 고양이

자존심

구렁이를 만나도
도망다니지 않고
가방을 잃어도
찾아 헤매지 않고
엽전 꾸러미 황금덩이를 보아도
줍지 않고
이쁜 얼굴 만나도
돌아다 보지 않고
미운 녀석 만나도
나무 닭처럼 쳐다 보았으면
꿈속에서도
자존심 있었으면

길몽

아흔 아홉 날
칠흑 같은 논두길을
칭얼거리는 아이를
업고 다니다가
마지막 날
여명
포대기에서 물컹하는
똥냄새를 맡다
천지가 진동하는
황금빛 쿠린내
등뼈가 축축하다

몽중일기

꿈에서 깨어나 몽중
일을 생각하니
도무지 생각이 안나
일기를 쓸 수가 없다
이러지 말고 꿈속에 공책 펴서
일기를 쓰는 연습을 해야 겠다
휴대폰으로 녹화를 해야 겠다

불씨

적막강산
겨울 바위 틈 속
다람쥐
팔딱이는 염통 하나가
온 세상을
데운다
겨울밤을
지킨다

무외굴(無外窟)

계룡산 남쪽 기슭
허공을 깍아 굴을 파다
이름을 무외굴이라 하다
밖이 없으니 안이 없다
안팎을 나눌 수 없어
무외굴이라 한다
이리 뒹굴
저리 뒹굴
통 안에서 통을 굴린다
산을 굴린다
허공을 굴린다
쓰잘 데 없는
생각 굴린다

화살

화살이 날아간다
떨어질 때까지
날아갈 수 밖에 없는 것일까
허공 조차 붙잡고 있기를
포기할 때까지
이대로 향하고 있는 것일까
도달해야할 과녁은
정말 있는 것일까
숲을 지나 마을을 지나
쉼없이 날아가는
의문

독백

내가 빗방울이어서
오랜 가뭄에 지친 잎사귀
매만져 줄 수 있다면

산골짜기 솟아나는
샘물이어서
메마른 영혼의 실뿌리
위로할 수 있다면

폭염이 잠든 강마을 곁을
두런두런
깊은 강물로 지나
바다로 나아갔으면

몸과 이름 허물고
애증의 그림자 거두어
넓은 가슴으로 출렁였으면

한 오라기
푸른 힘줄 이었으면

기차안에서

할머니가 아이를 데리고 있었다
아이는 이제 말을 배우면서
모국어를 있는 그대로 구사하는 중이었다
차창을 통해 지나가는 모든 사물에 대해
손가락질 하며
아는 대로 언어로 옮기고 있었다
기차 안은 이미 아이의 독단으로 평화를
잃어가고 있었다
여행의 차분함이 점차
혼란스러움으로 변해가고 있었다
이윽고 저 앞 쪽에서 신문을 넘기던 중년의
사나이가 돌아다보며 외쳤다
아가야 좀 조용히 해라
조용히 좀 시키세요
실은 내가 뱉고 싶은 외침이었다
조금 지나자 아이가 답했다
할머니! 저 아저씨 나쁜 아저씨 아니야?
어느새 내가 정말 나쁜 사람이
되어 있었다

제2부

선사유적지

제주 가을

한라는 제 키 만한
깊이의 바다에 머리를 담그고
사색하고 있었다

연록빛 담채를 달리한 수평선이
오선지를 만들면
바람은 풍금 건반을 밟으며
다가오고 있었다

은갈치가시같은 역광에
머리카락 엉키어
깔깔 웃고 있는
단발머리 소녀 같은 억새 군락
마른 풀대궁 입에 물고
가물거리는 풍경의 빗장을 밀면

제주 가을은 방과후의 아이처럼
둥근 자전거를 타고
웃새오름 언덕을 무너질듯
내려오고 있었다

남원을 지나며

나만 남원을 지난다
빗줄기는 정오를
가리키는데
철길은 비에 빛나고
나그네는
허전한 주머니를
만지작거린다
연한 파이프를 물고
생각의 자맥질
바닥에 닿고 싶다
가다가 가다가
황홀에 까물어 치는
무한 천국
남원을 지난다

압록을 지나며

마을은 깊게 잠에 들고
무거운 군장을 짊어진 군인이
지나가고 있었다
마을을 흐르는 개울물소리만
군화소리 개 짖는 소리의
입을 틀어 막고 있었다
내 시간이 풀리면 찾아 오리다
젊은 학생장교는 다짐했지만
한 번도 찾지 않았다
동복을 떠나 피아골로 향하는 행군이었다
삼십년 넘은 시간이었다
남겨 두고 간직하며 즐기고 싶은
추억 이었는지 모른다
지금도 그런 마을을 지나고 있으리라
한번쯤 들리리라 다짐하면서도
다시 오지 않는 시간들을
번번히 놓치면서 살아가는지 모른다
압록은 나를 깨우친다

곡성역

무협영화에서 나오는 고성처럼
단정한 성곽을 지나야
여수로 갈수 있었다
장마비가 굵어 지니
성은 더욱 공고해 지고
허물수록 높아만 가는
욕망처럼
쏟아지는 국지성 호우
적도 아군도 없는
무의식의 전쟁터에
소리 없는 함성이
성을 지키고 있었다

구례구 역

산행 모자를 눌러 쓰고
배낭을 맨 청년이 기차에서
내린다
일행인지 아닌지
젊은 여성이 따라 내린다
나도 따라 내린다
생각은 벌써
장터목 세석산장에 올랐는데
몸은 떠나는 열차에
앉아 있다
지리산 발목근처를
흰 구름이 감고 있다

여수역에 내리자

우리 열차 종착역인 여수역에
도착합니다
서글픈 시그널이 울려 퍼지면
이럴 땐 항상
더 가고 싶은 미련이 있지
마지막이란 말은
항상 여운을 남기는 것 이어서
관측 이래 최대 강수량은
하수구의 맨홀 뚜껑을
냄비처럼 뒤집으며
흰 물 꽃이 튀고 있었다
왕관 모양의 백련이 피고 있었다
오렌지빛 흙탕물 위로
연꽃이 지고 있었다

거문도

바다에는 벽이 있다
칸막이가 있다

항상 기다리고 있는 줄
알았는데
문이 덜컥 잠긴다

바다는 수직이다
보고 싶은 얼굴
보이지 않는다

강철 창문을 내리고
가슴을 가리고
슬프게 웃는 바다

여수 앞 바다에
호우주의보가 내린다

-길은 어데고 있고
길은 어데고 없다-

밤바다

바다에 무엇을 빠트렸는지
어둠의 구석구석을 뒤지며
부지런히 오가는
밤배

소쇄원

가을 바람 소리가 난다
ㅅ ㅅ ㅅ
시옷이 대나무 가지마다
모빌처럼 찰랑인다
대나무 잎도
ㅅ ㅅ ㅅ
쏟아질 듯한다

쌀 한톨에 새긴 천자문
숲속 정원의 쪽 마당
조선 선비의
쇄골마디에 이는
마른 기침소리
ㅅ ㅅ ㅅ

아닌 것은 아닌
그 자리.

월출산 새벽

어둠이 있어 빛이 있는 걸까
빛이 있어 어둠이 있는 걸까
월출산 아래 마을에 묵으면
알 수 있다
먼동이
산 어깨에 걸친 어둠을
벗겨 내리면
조금씩 가라앉는
빛의 가루들
가부좌 틀고 조용히
눈을 감는
산그늘 위로
날아오르는 날개짓
어둠과 빛이
수묵빛 담채로 번져오는
명징한 가슴

욕지도

떠나는 포구에서
그녀가 울고 있다
둥근 연기를 올리며
뱃고동이 우는데
머리를 돌리는 순간
골목길 모퉁이에
숨어 있는
그림자를 보았다
어쩌랴
떠도는 삶이 숙명인 것을
알고자 왔으나
의문은 더욱 두터워져
헝클어진 타래
풀길 없는데
정말로 알고 싶으냐
점점 멀어져
점으로 떠오르는
욕지도

사량도

한동안 컴컴한 동굴에
앉아 있었으나
들려오는 소리 있어
세상을 내다보았다
광장처럼 펼쳐진
공동어시장에 퍼득이는
억센 사투리
물 안의 것이나
물 밖의 것이나
목숨을 이어가는 건 마찬가지
동굴을 걸어 나온다
무거운 옷 벗어 재끼고
소매를 걷어 본다
겨우내 묵은 살비늘이
소금처럼 떨어진다
맞바람에
시퍼런 칼 날 세운다
봄 햇살에
갈라지는 충무 앞바다

밥

지인에게서 문자가 왔다
어떻게 지내시는지

그저 밥 먹고 살지요

밥이 곧 하늘인데 축하합니다

그분 사는 곳을 향해
큰절을 올렸다

연극

세상은 무대이어서
노릇을 잘 하고
가야 한다

주연이기도 하고
행인이기도 하고
관객이기도 하고
감독이기도 하고

때론 무대 위
간이주막의 찌그러진
주전자이기도
한다

상 밑에 들다

폭염이 깊은 어느 날
거실 나무바닥에 뒹굴다가
도토리처럼 때루루
상 밑에 빨려 들어가 알았다
이렇게 아늑한 곳 있을까
지붕이 낮아 코 가 닿는 곳
느리게 느리게
스로우 시티처럼
걱정 근심은 이 상 밑까지
도달하지 못하고
전혀 낯선 세상
도끼자루 썩고 아이들이 찾아 나설때까지
백발노인이 되기까지
그곳에 마냥 누워 있고 싶었다
어느날 이 낮은 궤짝에 누워 있을
그 날을 생각했다
오지도 않을 일인 듯 하지만
반드시 오고야 마는 그 시간
그 공간을...

노인

유천동 시장 입구에
중절모를 쓴 노인이 지나간다
차에 앉아 물끄러미 뒷모습을
쳐다 본다
자그만 키 반 소매
남에게 보일 정도의
단아함
손에서 일은 놓은지 오래인 듯
조금은 절룩거리며
어디론가 가고 있다
차츰 시야에서 멀어진다
골목길로 사라진다
뒷모습이 친근하다
그 자리에
내가 서 있다

낮달

누가
썰어
띄워 놓았을까
얇은 입술로
살짝 비어 문
동치미 같은

설어서 설어서
강물에 떠내려가는
살얼음 같은
어설픔

선사유적지

하늘을 허물어
도시를 쌓아올리고
미완성의 건물 사이로
빈 터가 울고 있다
가을 바람이
쓸고 간 풀숲에
풀벌레가 울고 있다
미처 거두지 못한
짜투리 콩밭
선사를 못 떠난
장끼 한 마리
콩밭에서 울고 있다

단풍

기암괴석 계곡물에
단풍잎
아롱아롱 그림 그리며
떠내려 간다

늦가을 나무사이
등산길따라
우르르 몰려가는
알록달록
등산객
우리도
단풍잎이다

막사발

여기저기 기웃거리며
막말하며
시장바닥을 굴러다니다가
생각도 몸도 막 굴리며
한세상 살다가
이렇게 얻은 소중한 날
함부로 보낼 수 없지 않은가
생각 한번 가다듬어
도예촌 불가마
따스한 손을 만나
다향 은은한
막사발이 되었다

진흙이 불을 만나면
옥이 된다

새 봄

장독대 뒷편 응달
겨우내 내린 눈이
쌓일 만큼
쌓이면
도곡리 텃새들의
목소리가
맑아 진다
애들아
봄이 돌아 오고 있구나

제3부

은행나무

무지개

어린이 집을 다녀온 아이가
잠이 들었다
살그머니 그림책을 빠져나온
색깔들은
아파트 옥상으로 올라가
무지개가 되었다
어디에 숨어 있다 나타난 걸까
어른들은 갈 수 없는 나라에
숨어 지내다가
불쑥 나타나
이 마을 저 마을을
이어주는 희망의 다리
아이들의 꿈 길어 올리는
일곱 색의 두레박
하늘이 그려준
우주 만다라

추어탕

대뇌피질의 근질거림
논바닥 웅덩이 속
잠시도 발가락이 꼼지락 거린다
굵은 소금을 뿌려
억센 호박잎으로 비벼댄다
인도의 향유를 두르는 듯
바람벽 흙내음으로
으깨진 살덩이가 끓고 있다
가마솥에 별이 숨고
들국화가 피고
육즙진국이 떠들썩한 향연
살아온 날들의 사연들이
한 뚝배기 이야기가 되면
시장사람들의 후각을 찾아
입맛을 돋군다

은행나무 도시

함부르크 중앙역
가늘고 긴 몸매
금발의 아가씨가
담배를 이쁘게 꼬나물고
다가와 창밖에
기대어 물었다
바스 이스트 다스 레벤*
가을이라는 이름의
거리에 들어서면
도시는 온통 서유럽의
음악이 쏟아지고
북해산 넙치 굽는
냄새 그윽하다

* 인생이란 무엇인가

홍시

산골 마을 마다
호롱불 밝히어
서역으로 가는 길목
산모롱이 주막집
따스한 아랫목

소녀상

조각상
독서하는 소녀 위로
가을비가 내린다
어깨 위로 모락모락
김이 솟아 오른다
머리를 적신 비는
턱에
매달리다 한방울씩 떨어진다
아무도 비를 가려 주지 않는다
책이 젖는다
책속의 이야기가 젖고
비가 책장을 넘기고 있다
소녀에게는 비가 우산이다
소녀가 가을비다
책속의 주인공이 걸어나와
우산을 받쳐 준다

올갱이국

계곡 바위틈 물이끼 사이를
목수의 연장통 어린 나사처럼 굴러다니다가
언젠가는 도회지 아가씨들의 보드러운 입술에
입맞추는 것이 희망이었지만
사거리 기사 식당에서
식성 좋은 턱수염을 만나기 십상입니다
흑싸리 껍데기 같은 거뭇거뭇한
알갱이들은 된장국에 말려져
지난밤을 꼬박 세운 문상객이거나
여관방을 빌려 침을 튀기던 투전꾼들이
꼬인 창자를 풀기 위해 들리는
밥상위에 조간신문처럼
올려지기도 합니다
인쇄공의 수작업으로 빼어낸 활자들을
점점이 식자판에 심어 놓았다가
남몰래 자선남비에 큰돈을 남긴 미담과
부모를 찾아 돌아온 입양소년들의 기사를
싣는데 쓰여 집니다
채 마르지 않은 신문기사를 읽으며
저들 활자의 땀냄새를 맡으신 적이 있나요

메마른 도시의 갈증을 메우려고
산골 물살을 헤쳐가는 아이들

은행나무

지상과 하늘 사이에
노란 중앙선이 그어졌다
너희는 하늘을 넘보지 마라
하늘은 지상에 어울릴 수 없다
실존은 이데아의 복사본일 뿐
어디서 달려오는 건지
바람이 논쟁을 가로막고
우수수 중앙선을 지운다
하늘과 지상의 경계가
허물어 진다
가변차선도 없어진
하늘로 가는 도로는
한 없이 넓다

인도행

바다를 만나기 위해
바다를 배우기 위해
바다가 되기 위해
인도를 가다
바다에는 길이 없었다
길을 찾다
길을 잃고 돌아 왔다

바라나쉬

장작 모자라면
마른 뼈가
횃불이 된다
강물을 밟으며
건너오는
화장터 불 빛

물길에 건져 올린
소녀의 머리카락
금이빨도
상아 귀거리도
있었으리

갠지스 강가
신성한 사람들은
매일 새벽
욕망을 점검하고
일상을 세탁한다

힌두교 불교 이슬람교 자이나교 시크교
인류의 종합대학
등록금 없습니다
지금 세일기간
명품 영혼을
민손으로 장만 하세요

붓다가야

나만 모르는 걸
사람들은 이미 알고 있었다
쥐뿔도 모르면서
천방지축 떠드는 방백을
관객은 모른 척 듣고만 있었다
티벳에서 왔거나
런던에서 왔거나
이방인들은
숙제를 마친 학생처럼
조용히 그늘에 앉아
침묵을 음미하고 있었다
소낙비에 놀라 허둥이는
나를 물끄러미 쳐다보며
웃고 있었다
끝내 알려주지 않았다

타지마할

왕비의 무덤 속에 명품가방이 쌓여 있다
상아빛 대리석에 검은 보석을 깎아 상감 해 놓은
히말라야의 빛들은 이곳을 찾아와 다소곳 머리를 숙이며
합장하고 향을 올린다
사랑도 다스리지 못할 욕심인가
만송이 꽃중에 하나로 향한 지극함도 형벌인지
사람은 믿을 존재 아닌 사랑해야 하는 대상일 뿐
무굴 황제여
배반과 사랑이 꼬여
세상을 붙들어 매는 동아줄
욕계의 믿음은 아무르 강물에 녹아
뼁골 만으로 무너지리니
먼 후일 지구 동강나
저 먼 구렁으로 흩어질지라도
그대 사랑 오롯이 남아 서 있으리니
무너진 땅위에 다시 이 존엄 지키리니
아직도 황제의 손으로 순례자의 몸 구석구석을
뒤적이지 않느뇨

기장은 시인

여러분은 지금 제주도 상공을 지나고 있습니다
좌측에 보이는 제주시의 아름다운 야경입니다
커튼을 올리고 한번 내려다 보십시오
드문드문 해녀들이 켜 놓은 등잔불이 보입니다
아름다운 별 빛을 보는 것 같습니다
아 감성적인 멘트
기장은 시인이었다

벤쿠버 항구

대지의 어머님은
젖가슴을 풀어 놓고 잠이 드셨다
북아메리카의 아이들은
젖꼭지에 입을 오물거리며
어린 송아지처럼
살아간다
프레이져 강이 나무를 실어나르면
집을 짓고 가구를 장만한다
먹이로부터 해방된
축복받은 북태평양 항구
알래스카 유람선이
굵은 팔뚝의 문신을 내보이면
상아빛 파도에 튕겨나온
햇살 물어 나는 흰부리 갈매기
소품처럼 날고 있는
환희의 북쪽언덕
산의 것들과 들의 것들 바다의 것들
조화롭게 살아가는
우리나라 화개장터
드팀전 같은 곳

고래에 대한 단상

바다깊은속이상한영혼이살고있다는신화를믿는사람들은전날밤잠을설쳤다뭍에살다물로돌아갔는지물에태어나뭍으로의탈출을꿈꾸는지알수없지만때로모래톱으로머리를두고몰려와자살을시도하는저들정체를확인하기위해가랑잎배를타고찾아나섰다

지느러미속에다섯손가락뼈를감춘사실과허파가득산소를머금고침잠하다가불쑥치솟아토해내는한숨소리를듣기위해사람들은검푸른거적을뒤적이고있었다아직도어린것들에게빨간젖꼭지를물리며세상파도를페쳐나가는지혜를들려주는모성을갈망하는우리는가보지못한천국을그리워하고천국의꿈이우리곁에다가앉기를애원하면서진실과허위의시간과삶과죽음의세계를가늠하며의식의경계를오고갔지만정작내자신이무엇인지알지못해뒤척였지만하찮은비밀허리춤에감추며머리카락한올보여주길꺼리면서도그의온몸을통채로보고싶은우리들헛된욕심으로는검푸른파도넘실거리는사이로 언뜻비치는균형잡힌지느러미물기젖은둥근허리너머로숨쉬는모성의슬픈눈빛을읽을수없었다

신령스런큰짐승은힐끗우리를외면한채몸을숨기고사람들은놓쳐버린신화를가슴에안고돌아서고있었다

오타루 기행

조그만 술동이 같은
북해도 항구도시에 함박눈이 내리면
오래된 운하와 눈 녹는 골목이 어울려
물과 인연이 깊은 곳이라는 걸 알게 됩니다
영화 러브레터와 가시나무새라는
타이틀의 촬영지로 알려지고
증기시계와 유리공예로 이름표를 달고 있는
이 앙증맞은 소읍에 오면
시간이 발효되어 백년을 거슬러 올라가는
착각을 즐기게 됩니다
이따금 친구들과 어울려
소주라고 한 잔 넘길 지경이면
온몸의 수분 모두가
알콜로 변하여
이 몸도 술동이가 됨을 알게 됩니다
그땐 내 별명도
오타루라고 불러도 되지 않을까요
지금 오고가는 이승도
어느 먼먼 나라 창구 구석에 쌓여 있는
향기로운 술동이 속이 아닌지 모르겠어요

눈속에서

자작나무 숲 오두막집
사냥 떠난 아비 기다리는 아이들
대룩거리는 선잠 사이로
눈이 내렸어요
지붕의 어깨 선을 지우고
일상의 존재마저 숨기고
백색바다로 침잠하는 세상
우리가 그리는 순수가 진정 있다면
상상 속의 그 몸둥아리
매만질 수 있다면
얼마나 좋겠어요
닿자마자 스러져 버리는 욕망 일지라도
창문에 날아와 부딪치는
하얀 부리들의 절창에
잠을 설 친 아침이면
우리도 마냥 하얀 색이 되어
황홀한 지옥으로 달려가지 않겠어요

삿포로 골목

서리 묻은 포장을 헤치며
함박눈 쏟아지는 골목을 찾아 다닌건
북해도 사케가 아닌
라멘 국물처럼 따스한 눈동자와
밑바닥으로 데워 오르는 인정머리 였습니다
가을 돌담에 기대인 석류알처럼 다닥다닥한
좁은 다다미 방에 빼꼼히 들어 앉아
이국적 시간을 주문하고
낯선 색깔과 모양과 향기 물신 나는
추억들을 기억의 바구니에 담느라
이곳이 지나치는 인생의 한 모퉁이라는
것을 잠시 망각했지요
그대는 기억하겠지요
정갈스레 말려 구운 양미리 토막을
입에 넣으면 오호츠크 물살의
작은 손바닥이 혀 끝에
넘실거리는 것을
상상의 날개를 펼치면
나이테에 새긴 칼자욱처럼
선명히 피워오르는

짙은 수증기 같은 골목길
천국에도 이런 골목길 포장마차가
있을까요

겨울항구

일렁이는 눈물같은
북해도 항구 마을에 폭설이 내렸다
언덕에서 내려다 본
바다는 눈먼 여인처럼 엎드려
울고 있었다
수평선은 빨래줄처럼 늘어져
팽팽한데
삭풍에 찢기운 광목 포대기가
생선처럼 퍼득이고 있었다
그까짓 놓아버리면 그뿐인
일상의 번잡을 도망쳐 나와
숨어 살고 싶은 낯선 항구의 골목
어디서 왔는지
어디로 가는지
묻지 말기로 했다
떠나왔어도 또 떠나고 싶은
간이역 감박이는 호롱불 옆
어디선가 헤어진 듯한 얼굴
김서린 차창에 기대인
우리는 겨울 나그네

석양

기내에서 본 서쪽 하늘은
장미송이를 으깨어 놓은 듯
농염한 선홍빛이 두껍게
깔려 있었다
우주도 아픈가 보다
하루를 완성하기 위해
저리도 처절히 피를 흘리고 있으니
석양이 문밖에서
울고 있었다

제4부

구스타프 비게랜드

노르웨이

다른나라 바닷물이 발잔등이나 복숭뼈를
오가는 설레임이라면
이 나라 산들은 바지를 걷고 내려와
바다 깊숙이 허벅지로 서 있었습니다
산비둘기 괭이갈매기 서로 하늘을
공유하며 사이좋게 날고 있는
산골 마을 공회당어귀까지
바다는 침묵으로 넘실거리고 있었습니다
인류가 생겨 나기도 오래전
만년빙하가 내리누르는 힘과 깎임으로
움푹 팽겨 나간 상처를 메우며
깊은 슬픔을 달래고 있었습니다
멀리 초로의 산맥들은 백발을 머리에 이고
이따금 하얀 수염을 쓰다듬으며
우리를 내려다 보고 있었습니다
산중에 사는 뜻을 물으면
그냥 빙그레 웃고 있었습니다
이쁜 색종이로 접은 성냥곽같은 오두막집
대롱대롱 매달려 있는
송네 피오르드를 빠져 나오면서

이나라 이름을

老르웨이라고 부르고 싶었습니다

구스타프 비게랜드

– 노르웨이 조각가에게

떠나는 시간 한 곳에 모아
오랫동안 붙잡아 두고 싶었겠지
피오르드 화강암에 숨어있는
아름다운 얼굴 모두 불러내어
보고 싶어 밤을 새우는
그대 뒷모습을 보았지

식빵을 구워내는 밀가루 반죽처럼
돌을 주물러
젊음들은 육체를 자랑하고
어린 아이를 빚어
노인은 손자새끼 엉덩이를 만지며
무상함을 서글퍼하며
육체와 육체의 고리를 만들어
생을 이어가는 윤회

한차례 소나기 옆에
하얀 계단을 밟은 분수
시들지 않는 천국의 꽃밭
지상에 영원하기를 기도했지

남과 여의 향기여
탄생과 죽음의 숙제여
순간과 영원의 이중주여
육체와 영혼의 신비여

오슬로 항구를 찾아온 동양의
나그네에게
한생을 기억 되기를
부르튼 입술로
기도하는 그대에게 감사했지

파르테논 신전

우리처럼 신들도
질투를 하고
사랑을 하고
전쟁도 하는
그런 나라 언덕배기에
때로는 불량학생들이
공부하는 학교
여신이 목욕하는 연못을
기웃 거리는
턱수염의 사나이들
근본은 사악치 않아
장난 뒤섞여
서로 웃고 까불면서
고뇌하며 논쟁하던 아크로 폴리스
하늘소 내려와
자갈 밭을 갈았다는
우리나라 지리산 세석평전 근처
여기저기 돌덩이 뒹구는
헬레니즘의 채석장

시안 기행

진시황 병마총

황제도 공후장상도 아니어서
무리들 중에 나를 찾을 수 없어
섭섭해 하다가
그 시절 나는 무사였던가
문인 이였던가
저들 먹을 물 길어 나른
인부 이던가
밥 불 때주던
나무꾼 이던가
밤이면 재롱부려
엽전을 챙기던 가인 이였던가
저들 틈에 찾을 수 없으니
저들중에 서 있지 못하고
잊혀진 존재인가
아직 발굴 못해 묻혀 있는
얼굴인가

섬서성 황토고원

황하는 이곳에서 눈을 떠서
바다로 구비치고
흙에서 걸어나와
황토먼지로 빚은 몸둥아리
다시 곱고 부드러운 흙으로
돌아서기를 기약하나니
사랑은 잠시 머물다 빠져나가는
물기 같은 것
내 몸의 물기 우수수 빠져나가
허공으로 돌아 갈 지음
황토고원 협곡 삭정이 끝을 스쳐갈
바람에게 물어 본다
나의 주소가 어디냐

남경 가는 열차에서

삼월인데 초여름 이란다
세상의 노란색들은
여기 다 모여서
강소성 유채꽃으로
환생하였다
이승의 좋은 소리들아
기왕이면
내 곁에 와서
봄빛 물줄기 되어
운하로 흐르거라
차리리 나는
노란 유채　사이로 흐르는
운하에 떠 밀려 가는 뗏목처럼
꽃노래 부르며
남경으로 가고 싶으니

부루나이

평양의 젊은 대장은 이곳에
한번 왔으면 좋겠다
인민이 몸이 아프면
싱가폴 병원에 맡기는데
비행기 삯이며
간병인 까지 붙여주고
비록 술탄의 절대 왕조지만
인민을 배불리 먹이는 곳
무슬림 국가로서
서방세계에 친구처럼
사귀는 나라
작지만 부유한 나라
동막골 부르나이
기와집 고기국에
잘 멕이는 나라

도곡리 참새

도곡리 참새들은
장난이 심하다
폭설이 내린 아침
눈 덮힌 소나무가지 사이를
뛰어다닌다
더러는 하릴 없이
툭툭 가지를 건들며
무게를 덜어준다
소나무들은 허리를 펴며
고맙다 고맙다 한다

김장 하는 날

첫눈 내리고
입동 근처 하늘 좋은 날은
도곡리 김장하는 날
조심스레 말 건네며
나그네도 초청하는
잔치날이다
절인 김치포기 보다 두꺼운
돼지비계 걸쳐
입안에 넣으면
시퍼런 하늘이
눈앞을 가린다
초겨울 편지 같은
감나무잎 굴러다니는 마당 한켠
듬성듬성 매달린
모과나무 그늘 아래 앉아
밥상 받으면
이땐 나그네가 주인이다.

농부

내밭에서
허락 받지않고 먹고 노는 녀석들을
잡초라 부른다
용서할 수 없다
농사꾼을 국립묘지에
모셔야해요
우리가 어디 월급 받고 일하나
새벽으로 일어나
등짝 휘도록 일해
곡식 푸성귀들 가꾸어
국민 먹여 살리는 데
당연히 우리도
국립묘지 가야죠

새 둥우리

고추대를 세우다 말고
밭울타리 숲을 기웃 거리더니
규호 형이 말한다
어 새들이 알을 낳았네
그냥 모른 척 하세요
그럼 나도 손주 키우는 놈인데
농사도 우리가 짓는게 아니여
새들도 같이 짓는거여
모두 남 그늘 아래
사는거여

운주산

나는 이렇게
머무는데
너는 어디를
그렇게 바쁘게 가니
구름이 묻는다
운주산(雲住山)

소쩍새

올 봄에는 소쩍새 울음
들리지 않는다
빈계산 근처
아파트 들어서더니
멀리 숨었나보다
해마다 왕가봉 가까이
산봉우리 넘어 오더니만
밤마다 맑은 샘물
퍼 주더니만
봄을 이끌고 초여름 길게
넘겨 주더니만
쫓아 내고 말았구나
소쩍새 없는
봄날은 오지 않으려니
우리들 어리석음
무엇으로 가릴 것 인가

눈 온 다음 날

식탁에 앉으니
창문을 투과하여온
우산봉이
마주 앉는다

틀어진
하늘을 깁느라
헝겊조각을 물어 나르는
새 떼

일 년 내내
조용히 바라보던 분께
차 한 잔
따르겠습니다

세상을 위해
한 일이 없는데
말없이 지켜 주는
힘 많다

놀이터

계룡산
계곡 비탈을 대패로 밀어
놀이터를 닦았다
조선 팔도에
영성이란 이름을 가진
모든 것 불러 들여
세미나를 열었다
아무도 오지 않았다

절집 꼭대기에
십자가 올리고
바람결에 만다라 걸었다

내가 주지다
담임목사다
이 맘이 다 산야다
제자도 없고 신자도 없어
대자유다

대명천지에 아직도
이렇게 살고 싶은
교주가 있다

황족

퇴직 이후
아내나 자식 놈이나
나를 쳐다보는 눈이 영 아니다
손에 풀기 떨어지면 그런가 보다
휴대폰을 바꾸며 아내가 물었다
단축 번호에 머라고 할까
그 인간이라 해라
아내는 더 킹 이라 명명했다
나도 더 퀸 이라고 얼른 고쳤다
이래서 졸지에
우리 집안이
황족으로 등극되었다

하루 점도록 오는 비는

하루 점도록 오는 비는
어미 죽은 새끼 짐승 눈망울에 어린다

하루 점도록 오는 비는
처마 밑 하루살이 날개에 적신다

하루 점도록 오는 비는
구진한 끝 고향집 부침개에 머문다

하루 점도록 오는 비는
내가 있지도 않았을 생각에 멈춘다

가출

가을 들판이 끝난 하늘로
외기러기가 날고 있었다
겨울 새벽 문을 나섰다
너는 내가 키울 아이가 아니니
너를 담을 수 없으니
돌아오지 말라했다
뒤를 돌아 보았을 때
아무도 문을 열어 주지 않았다
그날 이후
고향을 찾지 않았다
길 위에 길이 있다
뒤 돌아 보면
카르마의 그림자
존재는 존재하므로
아이가 택한 길이었으므로
후회하지 않으련다
아직 가출은 완성되지 않았다

▣ 평설

사물시와 관념의 문법

- 최종원의 시세계

김용재

시인. UPLI 한국회장

Ⅰ.

최종원 시인이 네 번째 시집을 상재한다. 그의 시력을 살펴보니 1993년에 첫시집 『유구가는 길』을 펴냈고, 1998년에 두 번째 시집 『장미의 뜰』을 펴냈으며, 2004년에 세 번째 시집 『바람은 숲을 탓하지 않고』를 펴냈다.

첫 시집에선 손종호 시인이 「서정적 은유시학과 역사적 상상력」이란 내용으로 그의 시세계를 조망하였고 두 번째 시집은 문학평론가 이형권 교수가 「콤플렉스, 혹은 미망의 숲」이란 내용으로, 세번째 시집은 김백겸 시인이 「영혼의 자기 귀환과 치유」라는 내용으로 역시 그의 시세계를 조망하였다.

그는 기초가 튼튼하고 넉넉한 문학적 자양을 지니고 있는 창

작인으로서 삶에 대한 진지한 태도와 깊이를 시를 통해 표출하고 있으며, 나름대로의 독창성과 개성을 지니고 있는 좋은 시인이라는 점에, 세 사람이 의견을 같이 하고 있는 것으로 파악을 했다. 이분들의 뜻에 동의하고 먼저 축하의 뜻을 보낸다.

II.

『관념의 감옥』에 수록될 70여 편의 시를 살펴보았다. 가장 큰 특성으로 작용하고 있는 사물시와 관념의 수용문제에 대해 짚어보는 것이 선결과제가 아닐까, 생각해 보았다.

미국 뉴저지주 라더포드(Rutherford)에서 소아과 병원을 개업하고 평생 그 고향에서 시, 소설, 에세이, 자서전 등 많은 문학작품을 남긴 윌리엄 칼로스 윌리암스(William Carlos Williams : 1883-1963)는 철저하게 일상적인 모국어(영어)로 시를 쓴 시인으로 알려져 있다.

특히 그는 관념이나 이념에 의하여 사물을 희석, 과장하거나 변형시키지 않고 일상의 사물을 있는 그대로 그려내는 특징을 지니고 있는 시인으로 정평이 나 있다. 〈Say it, no ideas but in things-관념이 아닌 사물로 말하라〉는 주장은 윌리암스 시의 모토였으며 이는 이미지스트적 즉물시(卽物詩)를 고집한 원초적 발언이기도 했다.

그의 짤막한 시 한편을 살펴본다.

so much depends
upon

a red wheel
barrow

glazed with rain
water

beside the white
chickens

- The Red Wheelbarrow

너무도 많이
의존하고 있네

한 대의 빨간
손수레

빗물은 남아

윤기가 번들번들

곁에는 하얀
병아리떼

-「한 대의 빨간 손수레」 전문

이 시는 한 대의 빨간 손수레와 번들번들한 빗물의 윤기, 하얀 병아리떼 등 세가지 시각적 이미지만으로 구성되어 있어 그 선명하고 정확한 즉물적 선택이 신선한 충격을 준다. 단순히 이미지즘의 시로 읽을 수도 있지만 그보다는 「관념이 아닌 사물로」의 시론을 전개한 윌리암스의 주장이 뒷받침되고 있음을 더 주목하지 않을 수 없다.

물론 「너무도 많이 / 의존하고 있네」에 대한 해석이 가난과 비애, 또는 사물에 대한 의존의 메마름 등으로 나타날 수 있지만 그것은 독자의 몫에 해당하는 것이며 시인은 그 표현 자체도 실재적이고 객관적으로 처리한 것이라고 여겨진다. 우리 시단에도 탈관념을 주장하고 사물을 '사물 그대로의 날 것'으로 보자고 주장하는 시인들이 많아졌고, 물론 반론을 제기하는 시인들도 적지 않음을 눈여겨 볼 수 있다.

이제 최종원의 시를 보자

탈옥을 꿈꾸었다

탈출구를 찾아

파고 또 팠다

파아란 하늘이

보이는 순간

절대고도의 벼랑

또 다른

감옥에 갇히다

-「관념의 감옥」 전문

「나」이던 「시인」이던 어떤 객관의 「인물」이던 화자는 지금 감옥에 갇혀 있다. 감옥은 형벌을 집행하는 곳이다. 형벌은 인간을 좀 먹는 가장 놀라운 관념이다. 화자는 곧 그 관념의 감옥에 갇혀있는 것이다. 그러나 이 시에서 시인은 형벌이란 관념을 수용하지 않았다.

관념은 근본적으로 생각이나 견해의 의미이며 철학, 심리, 문학, 불교 등의 영역에서 의식, 의지, 이념, 자아. 이성, 사상 등 정신적 존재개념으로 이용된다. 이 개념은 주관적이며 추상적이다. 이에 반하여 사물은 실재적이며 객관적이다. 추상개념을 구체화 또는 구상화 하는 것을 사물화(reification)라고 하는데 이는 사물시의 근간을 이루는 것이다.

이 시에서 시인은 탈옥, 탈출구, 땅파기, 파아란 하늘, 절대고도의 벼랑 등 실재적이며 객관적인 시어를 배치하여 「관념의 감옥」을 묘사하고 있다. 시인은 현상(現象) 또는 가상(假象)으로서의 제 2의적 관념을 생성시켜 시를 쓴다는 것이 얼마나 어려운 것인가를 실감하고 있는 듯하다. 파아란 하늘이라는 탈출의 희망이 보이는 순간 제한이나 구속개념을 벗어나지 못하고 또 다른 감옥에 간히는 고통을 감수할 수밖에 없는 것이다. 관념을 지배하는 사물인식의 묘미를 맛볼 수 있다는 것은 시를 읽는 큰 기쁨일 것이다.

나는 아지랑이가 아닙니다 봄입니다
나는 소나기가 아닙니다 여름입니다
나는 오동잎이 아닙니다 가을입니다
나는 함박눈이 아닙니다 겨울입니다

나는 계절이 아닙니다 시간입니다

-「사계」 전문

이 시는 언뜻 보면 단순하고 건조하다. 사계는 곧 봄, 여름, 가을, 겨울이고 그 사계는 하나하나의 계절이 아니고 시간에 귀속된다. 아무런 새로울 것도 없고, 창조적 신선한 내용도 찾아볼 수 없기 때문에 더욱 단조롭다.

그러나 수사학상으로 나타나는 제유(提喩-synecdoche)나 환유(換喩-metonymy)로서의 의인적 수사법을 살펴보면 흥미가 있을 것이다. 즉 아지랑이와 봄의 관계, 소나기와 여름의 관계, 오동잎과 가을의 관계, 함박눈과 겨울의 관계, 계절과 시간의 관계는 부분으로 전체를 표시하는 관계일수도 있고 한 사물의 용어가 그 사물과 밀접한 용어를 가리키는 다른 사물에 적용된 관계라 할 수도 있다. 그 관계는 실재적이고 객관적이며 사물화 되고 있다는 점이 특성으로 나타나고 있는 것이다.

그러면 「나」로 의인화된 화자가 누구일까, 당연한 관찰 대상이 될 것이다. 즉 '나는 아지랑이가 아닙니다 봄입니다' 했을 때 이 말을 한 나는 아지랑이인가, 봄인가 하는 문제이다. 문법상으로는 봄이 말한 것으로 되지만 시해석상으로는 아지랑이가 말한 것이 된다. 아지랑이라는 하나의 실체가 봄을 표시하는 수사법으로 작용하고 있기 때문이다 「빵」 문제가 먹고 사는 「생활」 문제로, 「일손」이 「일하는 사람」으로 적용되는 수사법과 같은 이치인 것이다. 소나기, 오동잎, 함박눈도 각각의 화자가 되고 계절도 실체로 나타나 화자의 역할을 하고 있는 것이다. 사물 뒤에 숨어있는 관념을 억누르고 사물의 실체를 캐는 작업을 눈여겨보기에 좋은 시가 될 것이다.

화살이 날아간다
떨어질 때까지
날아 갈 수밖에 없는 것일까
허공조차 붙잡고 있기를

포기할 때까지
이대로 향하고 있는 것일까
도달해야 할 과녁은
정말 있는 것일까
숲을 지나 마을을 지나
쉼없이 날아가는
의문

-「화살」 전문

여기 선보인 화살은, 당기면 놓아야 하고 놓으면 날아갈 수밖에 없다. 그것은 일시적이고 허공을 가르는 시간도 순간적이다. 과녁에 들어갈 가능성을 생각하며 과녁의 존재 자체에 대한 의문까지 제기된다. 그 의문은 삶의 의문, 또는 인생의 의문으로 증폭 될 수 있다. 그러나 시인은 그 관념의 세계를 그리지 않는다. 자신이 사는 세계를 이해하기 위한 사물에의 의존이던가, 또는 자신의 모습을 사물에 투영하기 위한 시적 장치에의 의존일 수도 있을 것이다. 〈관념이 아닌 사물로〉의 시론을 뒷받침하고 있다는 생각이다. 최종원의 시는 역시 의문의 화살을 당겨 관념의 숲을 헤칠 것이다.

Ⅲ.

〈관념이 아닌 사물로〉의 기본적 시론을 수용하여 최종원의 시를 간략하게 살펴보았지만 이 시인이 사물시의 절대적 지지자이며 사물시만을 제작 보급하고 있다고 생각하는 것은 아니다.

실험시의 가능한 세계를 투영하며 시인의 현실을 짚어본 것이다. 오히려 시인은 관념의 감옥에 시세계를 설정하고 제2의 신선한 관념을 위해 사색하고 명상하고 상상하는 시심의 광야에서 시의 몸채를 짓기 위해 분투 노력하고 있다는 생각을 해본다.

생태 뒷간에 앉아 보았지
밥이 똥이 되고
똥이 밥이 된다

본질이 실존이고
실존이 본질이다
진리없이 자유없고
마음이 헐떡이면
너는 진리를 모른다

배 속 가득
밥상을 들고 걷는다

밥상이 법상이다

-「실상사」 전문

이 시는 실상사 생태 뒷간에 앉아서 본질과 실존의 문제를 생활상태의 모습으로 대입해 풀어 본 것이라고 생각한다.

실상사는 설법하는 곳이지만, 그래서인지 한 토막의 설법처럼 시인은 「밥이 똥이 되고 / 똥이 밥이 된다」고 전제한다. 밥이 살이 되고 살이 밥이 된다고 했다면 독자는 어리둥절하고 어쩌면 식인종들의 엉뚱한 세상을 생각했을지 모른다.

그러나 시인이 전제한 시구는 똥을 밥으로 먹는 동물을 생각하면서 똥이 양분이 되고 거름이 되고 비료의 역할을 하면서 다시 밥으로 생성되는 과정을 유추해 볼 수 있도록 시도한 배려임을 짐작케 한다.

그러면서 시인은 본질과 실존을 동일개념으로 합리화한다. 본질은 사물의 독자적인 본바탕이며 가능한 존재 개념인데 반하여 실존은 현실적 존재이며 자각적 존재 개념이다. 자유와 함께 존재하는 본질로서의 진리도 실존의 마음이 헐떡이면 그 실체를 인식하지 못하는 것이다.

시인이 인식한 마지막 법상은 설법하는 장소개념이 아니라 만유의 본질을 설명하는 교법이며 밥상은 현실적 실존방식으로서의 자각적 생존의 의미를 내포하고 있다.

본질과 실존의 동일개념은 객관성 여부와 상관없이 시인의

결정사항인 것이다.

관념이 작용한 것이지만 경험을 통한 철저한 대상파악이 더 값진 결과를 가져온 것이다.

> 지인에게서 문자가 왔다
> 어떻게 지내시는지
>
> 그저 밥 먹고 살지요
>
> 밥이 곧 하늘인데 축하합니다
>
> 그분 사는 곳을 향해
> 큰 절을 올렸다
>
> -「밥」 전문

밥상이 법상이라고 하는 앞의 시와 크게 다를 바가 없다. 인명재반(人命在飯)이나 인명재천(人命在天)의 동일개념, 즉 사람의 살고 죽음의 문제가 밥에 달려있다는 것이나, 하늘에 달려있다는 것이나, 모두 생명의 본질이나 실존을 위한 절대개념인 것이다. 삶의 문제, 또는 직장문제, 또는 생존문제 등 심각한 고민 끝에 얻은 결론이라는 생각을 해 보게 되지만, 그 생각과 관계없이 시인은 6행의 짧은 시 속에 어렵지 않게 인생문제를 함축하는 역량을 보여주고 있다.

지상과 하늘 사이에
노란 중앙선이 그어졌다
너희는 하늘을 넘보지 마라
하늘은 지상에 어울릴 수 없다
실존은 이데아의 복사본일 뿐
어디서 달려오는 건지
바람이 논쟁을 가로막고
우수수 중앙선을 지운다
하늘과 지상의 경계가
허물어진다
가변차선도 없어진
하늘로 가는 도로는
한없이 넓다

-「은행나무」 전문

주체적 존재로서의 실존을 중심개념으로 하는 실존철학은 합리주의적 관념론이나 실증주의에 대한 반동에서 시작되었다. 이데아는 「생각」의 근본적 의미로 이념이나 관념의 뜻으로 발전했다.

이 시에서 시인은 주체적 존재로서의 은행나무의 실존을 이데아의 복사본으로 처리하여 실존과 이데아 또는 관념의 의미를 포개어 버렸다. 시인은 노란 잎을 가득 매달고 솟아있는 은행나무를 지상과 하늘 사이의 노란 경계선으로 파악했고 바람이 잎을 다 지웠을 때 그 경계선은 다 허물어지고 하늘 가는 도로가 한 없이 넓어졌다고 했다. 실존과 이데아의 논쟁을 허물고 사색 또는 사념의 좁은 도로를 한 없이 넓은 도로로 확대하는 시 정신을 밝힌 것이다.

실존과 허무, 현존과 본질의 중앙선을 지우고 그 경계를 없애면 가변차선도 필요가 없는 광활한 영역이 된다. 이 영역은 다름 아닌 이데아의 영역이고 시의 영역이 되는 셈이다. 관념의 연합 또는 연상 작용에 의해 원관념의 은행나무는 물질 그 자체의 영역을 떠난 것이 되고 말았다.

Ⅳ.

〈연극〉〈홍시〉〈인도행〉〈도곡리 참새〉〈가출〉 등 언급을 위해 뽑아놓은 시가 많이 있었는데 중복의 말이 증폭될 것 같아 멈추었다.

최종원의 시는 「관념이 아닌 사물로」로 시론을 따른 듯 대상을 파악해서 사물화하고 객관화하는 힘이 강하게 표출돼 있다.

그러나 관념의 감옥이란 말이 시사하듯 표현의 한계의식이

형벌처럼 엄습함을 감지한다. 이때 그는 절망의 늪에 빠진다거나 폐쇄적 의식에 머물지 않고 열렬한 탈출을 시도한다.

그래도 또 다른 감옥에 갇힌다고 말하지만 이곳은 시인이 가는 고난의 길 자체인 것이고, 헤쳐나가야 할 탐색의 길인 것이다.

집약해보면, 사물시에 대한 관념과 관념의 문법을 함께 수용하고 있는 시인은 대상에 대한 오묘한 인식과 자각적 성찰행위의 힘으로 바람직한 공감의 시를 빚어내고 있다는 생각이다. 박수치며 더 튼튼한 언어의 집짓기를 기대해본다.